嘻嘻哈哈陪娃图鉴

# 我们一起玩游戏

李芳 —— 主编

叁喵 —— 绘

浙江教育出版社 · 杭州

出不去了!
先待在家里吧。

本来和爸爸约好去踢球,
结果天公不作美……

待在家里什么也做不了,
好无聊啊!

聊
好
无

妈妈提了一个不错的建议。

我们来玩疯狂抖动吧!

**李芳**

北京师范大学教育学博士，对外经济贸易大学副研究员，国家二级心理咨询师，家庭教育指导师。科普读物《小学生心理学漫画》丛书撰文专家。

# 序言

## 用开开心心来实现最好的学前教育

在欢笑中领悟道理、在聆听中懂得知识、在模仿中增长本领、在互动中学会交流、在游戏中强健身体……

当一个孩子萌于初生，走过成长，步入成熟，不管性格是易怒暴躁，还是过于温顺；不管行为是追求完美，还是喜欢攻击、控制和逃避；不管心理是抑郁、恐惧还是焦虑……究其根本，都是因为童年时的基本心理需求没有得到满足。

用爱陪伴的童年，既是助力孩子启航的港湾，也是滋养父母一生的修行。为人父母，虽然不是职业，却承载了比任何职业都要艰巨和伟大的使命。任何职业的成功，都无法替代和补偿父母这个角色带给我们的深层幸福与终身快乐。但是在父母这个"岗位"上，我们不但没有通过考核就"无证上岗"，而且"工龄"也并不比孩子长，他们给我们当了多久的孩子，我们就给他们做了多久的父母。所以，每一位父母，在孩子面前，并不是这段亲子关系里的熟练工，都必须怀着"职场新人"的心态去学习、探索和实践。

"关系高于道理"的家庭教育第一法则告诉我们，在整个学习、探索和实践的过程中，最重要的基础和最有效的路径都共同指向了稳定、融洽并且幸福的亲子关系。这种亲子关系既不是毫无管教的溺爱，也不是以孩子的表现为交换条件的物质满足，更不是打着爱的旗号却在无意中充满威胁和恐吓的言行。这种亲子关系来源于父母对孩子无条件的爱，正如孩子无条件地爱父母一样，是一种本能、一种呼唤、一种毫无保留、义无反顾的行为。这种爱之所以是无条件的，是因为这种爱不会因对方的行为表现发生改变，不会因个人的情绪波动发生改变，不会因外部的环境状况发生改变。这是一种深厚的、稳定的，随时可以想到、感受到的，能带来温暖的力量。这种亲子关系可以带给孩子一生的安全感和归属感，不仅能在顺境中把孩子托起，让他拥有上升时的支撑力，更能在孩子身处险境和逆境时为他托底，让他拥有下坠时的反弹力。

怎样才能获得这样一种让孩子和父母都能受用终身的亲子关系呢？其实非常简单，就是用爱陪伴、相互滋养，用玩耍娱乐为孩子打开幸福童年的大门，用开开心心去实现最好的学前教育。

正是基于这种最简单朴素而又最切实有效的教育学和心理学理论，我们开发了这套非常适合学龄前和低年级孩子父母的《嘻嘻哈哈陪娃图鉴》。这套包含《爸爸给你讲笑话》《妈妈陪你猜谜语》和《我们一起玩游戏》的丛书，堪称新手父母的陪娃宝典和育儿伙伴，在欢笑中领悟道理、在聆听中懂得知识、在模仿中增长本领、在互动中学会交流、在游戏中强健身体……

希望父母能够利用这套书陪伴孩子度过一个快乐的童年，自己也能从这段美好的亲子关系中汲取滋养和力量。

李岿

2021 年 5 月于北京

# 本书使用说明书

## 这本书里有什么

这本书分为三个部分——脑筋急转弯、亲子游戏和智力游戏，不管是在家里还是在户外，总能找到适合你们的那款。

**想一想：**上百道脑筋急转弯，让孩子学会逆向思维，为他插上想象的翅膀。

**动一动：**穿越"火线"、丢沙包等游戏，让孩子尽情跑跳，协调手脚。

**静一静：**我们准备了安全的手工教程和小游戏，让孩子自己动手，学会专注，还能让孩子学习系鞋带、拿筷子、用针线等小技能哦！

**一起做：**孩子和家长合作，成为彼此最可靠的伙伴，体验团队协作的乐趣。

**比一比：**进行游戏大比拼！激发孩子的竞争意识，让孩子学会在面对压力时不害怕、不怯场。

**仔细看：**找不同、走迷宫、找东西……许多游戏需要认真观察，让孩子更细心、更敏锐。

**轻松学：**各种游戏里包含了简单运算、百科知识与生活常识，让孩子在游戏的同时，轻轻松松就能学到知识。

## 如何使用这本书

- 在送孩子上学的路上，可以用一两个脑筋急转弯，轻松开启一天的学习。
- 交换角色！让孩子用脑筋急转弯考一考你吧，你可不要轻易认输哦！
- 周末出游或者饭后休息的时间里，翻开第二部分亲子游戏，找一个孩子最感兴趣的游戏来玩——不要等，立刻就开始！
- 在家长忙于工作或家务时，可以让孩子自己翻开第三部分智力游戏，在书桌前开动脑筋。
- 最重要的是，无论何时都要保持耐心，不要急于给出正确答案，先耐心听听孩子的回答。

# 目 录

# 第一部分 脑筋急转弯

**1** 一个人有一个，全国十几亿人只有十二个，这是什么？

答案：生肖。

----------------------------------------

小华的爷爷有七个儿子，每个儿子又各有一个妹妹，请问：小华的爷爷有多少个儿女？ **2**

答案：八个，女儿是最小的。

----------------------------------------

**3** 什么人喜欢天天下雨？

答案：卖伞的人。

----------------------------------------

**4** 什么人的工作整天忙得团团转？

答案：芭蕾舞演员。

------------------------------------------------

**5** 把一只大象放进冰箱里需要三步：第一步，把冰箱门打开；第二步，把大象放进去；第三步，把冰箱门关上。那么，把长颈鹿放进冰箱里需要几步？

答案：需要四步：第一步，把冰箱门打开；第二步，把大象拿出来；第三步，把长颈鹿放进去；第四步，把冰箱门关上。

------------------------------------------

什么人敢在皇帝的头上胡作非为？

答案：理发师。

**6**

------------------------------------------

**7** 什么人从来不洗头发？

答案：和尚。

------------------------------------------

**8** 把五个橙子分给四个小朋友，怎么分才公平？

答案：榨成汁再分。

**9** 小明的妈妈有三个儿子，大儿子叫大明，二儿子叫二明，三儿子叫什么?

答案：叫小明。

--------------------------------------------------

小明次次都拿第一名，为什么爸爸还要骂他?

**10**

答案：因为他拿的是倒数第一名。

--------------------------------------------------

**11** 有一个字，人人都会念错，请问是什么字?

答案："错"字。

--------------------------------------------------

**12** 你爷爷的儿子的爸爸的妈妈的姑姑的小姨的叔叔的大伯跟你是什么关系？

答案：亲戚关系。

------------------------------------

谁辛苦干活却每次都要挨打？

**13**

答案：钉子。

------------------------------------

**14** 如何用树叶遮住天空？

答案：只要用树叶盖住眼睛就可以了。

------------------------------------

**15** 一只鸡、一只鹅，放进冰箱里，鸡冻死了，鹅还活着，为什么？

答案：鹅是企鹅。

------------------------------------------------

如何把水装进网里？

**16**

答案：先把水冻成冰。

------------------------------------------------

**17** 用椰子和西红柿打头，哪个比较疼？

答案：头比较疼。

------------------------------------------------

# 18

煮一个鸡蛋要四分钟，请问：煮八个鸡蛋需要几分钟？

答案：四分钟。

---------------------------------------------------

**19** 汽车在右拐弯时，哪只轮胎不转？

答案：备用胎。

------------------------------------

太平洋的中间是什么？

答案：是"平"字。

**20**

------------------------------------

**21** 大雁为什么要向南飞？

答案：因为用脚走太慢了。

------------------------------------

**22** 从前，有两对父子去打猎，每个人都打到了一只野鸭，但总共只有三只野鸭，为什么？

答案：因为他们是祖孙三人，爸爸和儿子是父子，爷爷和爸爸是父子。

------------------------------------------------

**23** 有一种东西，上升的同时会下降，下降的同时会上升，请问：这是什么？

答案：跷跷板。

------------------------------------------

大力士永远也举不起来的东西是什么？ **24**

答案：他（她）自己。

------------------------------------------

**25** 什么动物，你打死了它，流的却是你的血？

答案：蚊子。

------------------------------------------

## 26

什么东西胖得快，瘦得更快？

答案：气球。

------------------------------------------------

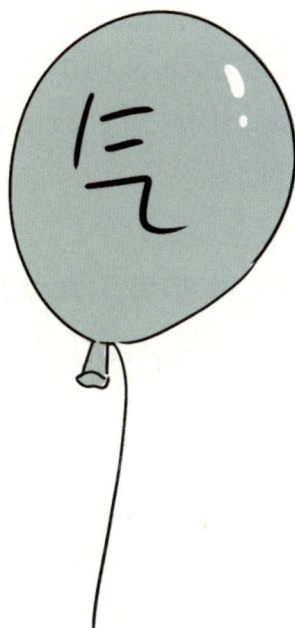

**27** 家里有一样东西，既不在屋内也不在屋外，这是什么东西？

答案：窗户。

- - - - - - - - - - - - - - - - - - - - - - - - - - - - - - -

小红考试考了九十五分，得到了老师的表扬。小明的分数比她多一点，为什么却被批评了？ **28**

答案：小明考了九点五分。

- - - - - - - - - - - - - - - - - - - - - - - - - - - - - - -

**29** 小明问了小红五次同样的问题，却得到了五个不同的答案，而且这些答案都是正确的，请问：小明问的是什么问题？

答案：小明问的是现在几点了。

- - - - - - - - - - - - - - - - - - - - - - - - - - - - - - -

**30** 小王留了中分头会变成什么?

答案：小全。

------------------------------------

狐狸为什么站不起来?

**31**

答案：因为它狡猾（脚滑）啊!

------------------------------------

**32** 什么鸡有四条腿?

答案：田鸡。

------------------------------------

**33** 南瓜、西瓜、黄瓜都能吃，什么瓜不能吃？

答案：傻瓜。

--------------------------------------------------

盆子里有六个馒头，六个小朋友每人分到了一个，但盆里还有一个，为什么？ **34**

答案：因为最后一个小朋友把盆子一起拿走了。

--------------------------------------------------

**35** 夏天天气炎热，人们都不爱出门，但有一样东西，越热越爱出来，请问：这是什么？

答案：汗。

--------------------------------------------------

## 36

一根绳子被一刀剪断，但它仍然是一根完整的绳子，这是为什么？

答案：因为原来的绳子是结成一个圈的。

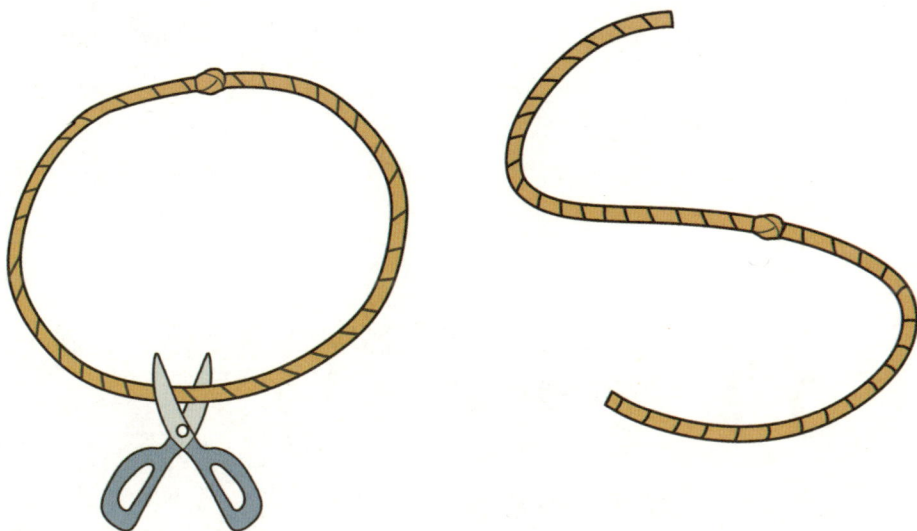

-------------------------------------------

**37** 一个人快饿死了，冰箱里有鸡肉罐头、鱼肉罐头、牛肉罐头，请问：他最先打开的是什么？

答案：冰箱。

------------------------------------------------

什么东西天天放在你嘴里，你却从来不吃？ **38**

答案：牙膏。

------------------------------------------------

**39** 你只要叫出它的名字就会破坏它，请问：它是什么？

答案：沉默。

------------------------------------------------

**40** 哪种昆虫的名字颠倒过来，可以从昆虫变成食物？

答案：蜜蜂。

- - - - - - - - - - - - - - - - - - - - - - - - - - - - - - - - -

**41** 小明受伤了，摸脸会疼，摸头会疼，摸哪儿都会疼，请问：小明受的什么伤？

答案：手指骨折了。

---------------------------------

什么东西天天东奔西跑？

答案：太阳。

**42**

---------------------------------

**43** 小智去到了国外，为什么他周围都是中国人？

答案：小智是外国人，他来到了中国。

---------------------------------

**44** 有一个人，无论他叫你把头抬高还是把头低下，你都会照做，请问：此人是谁？

答案：理发师。

----------------------------------------

什么东西虽然别人知道它是假的，但还是愿意买？

**45**

答案：假牙或假发。

----------------------------------------

**46** 哪个数字倒立过来会增加原来的一半？

答案：数字6。

----------------------------------------

**47** 数字序列"2、4、6、7、8"前面应该填什么?

答案:门前大桥下,游过一群鸭,快来快来数一数。

--------------------------------------

数字 10 有两个形影不离的好朋友,它们分别是谁? **48**

答案:数字 8 和数字 9,因为"八九不离十"。

--------------------------------------

**49** 小明能做到十个小时不眨眼睛,请问:他是怎么做到的?

答案:他闭上眼睛睡觉了。

--------------------------------------

**50** 老王一天要刮四五十次脸，脸上却仍有胡子。这是为什么?

答案：因为老王是个理发师。

---

什么话可以在全世界通用?

**51**

答案：电话。

---

**52** 一辆车从几十米的高空掉下去，大家吓得够呛，最后人和车却都安然无恙，这是什么车?

答案：这是游乐园里的过山车。

---

**53** 小白兔天天去钓鱼，为什么就是一条鱼也钓不到？

答案：因为它拿胡萝卜当鱼饵。

-------------------------------------------------

老王的头发已经掉光了，可他为什么还总去理发店？

**54**

答案：因为老王是理发师。

-------------------------------------------------

**55** 谁在网上的时间最长？

答案：蜘蛛。

-------------------------------------------------

**56** 小明骑自行车骑了五千米，可是周围的景物始终没有变化，为什么？

答案：因为他在健身房骑车。

**57** 有一条裙子，妈妈可以穿，爸爸也经常穿，请问：这是什么裙子？

答案：围裙。

-----------------------------------------------

什么杯子不能用来喝水，但大家还是很想要它？

**58**

答案：奖杯。

-----------------------------------------------

**59** 老王天天掉头发，什么方法都用了，都没效果，只有一种方法能使他永远不掉头发，请问：是什么方法呢？

答案：把头发剃光。

-----------------------------------------------

**60** 什么花千万不能浇水?

答案: 烟花。

------------------------------------------------

**61** 什么东西放在火里不会燃烧，放在水里不会沉底？

答案：冰块。

- - - - - - - - - - - - - - - - - - - - - - - - - - - - - - - -

如果有一艘船，船上有一名富翁、一名水手、一名航海家、一名老师，请问：这艘船是谁的？ **62**

答案：是"如果"的。

- - - - - - - - - - - - - - - - - - - - - - - - - - - - - - - -

**63** 商场里一双鞋卖一百元，那一只鞋卖多少钱？

答案：一只鞋不卖。

- - - - - - - - - - - - - - - - - - - - - - - - - - - - - - - -

**64** 什么船从来不下水?

答案：宇宙飞船。

------------------------------------------------

动物园里谁是百兽之王?

答案：动物园的园长。

**65**

------------------------------------------------

**66** 五个人共撑一把伞在街上走，却没有人被淋湿，为什么?

答案：因为根本没下雨。

------------------------------------------------

**67** 小明不会说英语，却能不靠翻译设备跟一个美国小孩聊天，为什么？

答案：因为美国小孩会说中文。

------------------------------------

什么书从来不单独拿出来卖？

**68**

答案：说明书。

------------------------------------

**69** 什么东西新的和旧的一样值钱？

答案：钞票。

------------------------------------

**70** 什么车被撞了，车上的人还很高兴？

答案：游乐园里的碰碰车。

------------------------------------------------

**71** 能被人抓住的风是什么风？

答案：麦克风。

------------------------------------------------

满满一杯饮料，如何才能先喝到杯底的部分呢？ **72**

答案：用吸管喝。

------------------------------------------------

**73** 你妈妈小时候打过你吗？

答案：没有。因为我妈妈小的时候，我还没出生。

------------------------------------------------

**74** 有一种桶，无论往里面倒多少水都不会满，请问：这是什么桶？

答案：自动冲水马桶。

------------------------------------------------

有什么可以托起一百千克重的橡木，却托不起一斤重的沙子？

**75**

答案：水。

------------------------------------------------

**76** 老张十分喜欢阅读，一读起书来就会忘记时间。有一天半夜，突然停电了，老张却依旧把书读完了，这是怎么回事？

答案：老张是盲人，他读的是盲文书。

------------------------------------------------

**77** 什么时候有人敲门，你绝不会说请进？

答案：上厕所的时候。

----------------------------------------

在一家动物园里，一头饲养员特别讨厌
的大象死了，为什么饲养员还会痛哭？

**78**

答案：因为他要给大象挖一个很大
的坑。

----------------------------------------

**79** 哪项比赛是往后跑的？

答案：拔河。

----------------------------------------

**80**

青春痘长在哪里你最不担心？

答案：别人脸上。

------------------------------------------------

别人

**81** 火柴烧着后住进了医院，变成了什么？

答案：棉签。

- - - - - - - - - - - - - - - - - - - - - - - - - - - - - - - -

什么动物天天熬夜？

**82**

答案：熊猫。因为它有很重的黑眼圈。

- - - - - - - - - - - - - - - - - - - - - - - - - - - - - -

**83** 什么事情每人每天都必须认真地做？

答案：呼吸。

- - - - - - - - - - - - - - - - - - - - - - - - - - - - - - - -

# 84

一个房间里，只有小明和一个苹果，没有其他阻碍物，但为什么小明会看不到苹果？

答案：因为苹果在他头上。

- - - - - - - - - - - - - - - - - - - - - - - - - - - - - - - - - - - - - - - -

**85** 有一个人，被从几千米高空掉下来的东西砸在头上，却没有受伤，为什么？

答案：砸下来的是雪花。

-------------------------------------

什么东西明明是你的，但别人用的次数却比你多得多？ **86**

答案：你的名字。

-------------------------------------

**87** 小明决定去减肥中心报名减肥，请问他哪里最先瘦下来？

答案：钱包。

-------------------------------------

**88** 没有一个人能渡过的河是什么河？

答案：银河。

--------------------------------------------------

什么灯一天到晚都不休息？

**89**

答案：红绿灯。

--------------------------------------------------

**90** 什么人专爱打听别人的事？

答案：记者。

--------------------------------------------------

针掉到大海里该怎么办？

**91**

答案：再买一根。

--------------------------------------------------

**92** 什么人最会"弄虚作假"?

答案：魔术师。

------------------------------------------------

把梦变成现实的第一步应该做什么?

**93**

答案：起床。

------------------------------------------------

**94** 用什么拖地最干净?

答案：用力。

------------------------------------------------

# 95

什么布剪不断?

答案：瀑布。

**96** 一位美丽的公主结婚以后就不挂蚊帐了，为什么？

答案：因为她嫁给了青蛙王子（青蛙吃蚊子）。

- - - - - - - - - - - - - - - - - - - - - - - - -

老王一边刷牙，一边吹口哨，请问：他是怎么做到的？ **97**

答案：他刷的是假牙。

- - - - - - - - - - - - - - - - - - - - - - - - -

**98** 世界上谁的肚子最大？

答案：宰相（宰相肚里能撑船）。

- - - - - - - - - - - - - - - - - - - - - - - - -

**99** 什么东西越洗越脏?

答案：水。

------------------------------------------------

哪本书中毛病最多?

**100**

答案：医学书。

------------------------------------------------

**101** 乌鸦身上哪个部位最令人讨厌?

答案：嘴巴（乌鸦嘴）。

------------------------------------------------

## 102

白色的马叫白马，黑色的马叫黑马，黑白相间的马除了斑马还有什么马？

答案：条形码（马，谐音）。

- - - - - - - - - - - - - - - - - - - - - - - - - - - - - - -

## 103

鱼缸里有十条鱼，死掉了一条，请问：鱼缸里还有几条鱼？

答案：十条，死鱼也是鱼。

- - - - - - - - - - - - - - - - - - - - - - - - - - - - - - -

## 104

什么鼓，没学过乐器的人也会打？

答案：退堂鼓。

- - - - - - - - - - - - - - - - - - - - - - - - - - - - - - -

**105** 早晨醒来，每个人都会去做的第一件事是什么?

答案：睁开眼睛。

------------------------------------------------

世界上什么人可以一下子变老?

**106**

答案：新娘。因为今天是新娘，明天变成老婆。

------------------------------------------------

**107** 一辆出租车在公路上正常行驶，并没有违反任何交通规则，却被交警拦下来了，为什么?

答案：因为交警下班了，准备坐出租车回家。

------------------------------------------------

**108** 什么东西只能加不能减?

答案：年龄。

----------------------------------------

家有家规，国有国规，那动物园里
有什么规? **109**

答案：乌龟（规，谐音）。

----------------------------------------

**110** 什么水永远用不完?

答案：泪水。

----------------------------------------

# 111

什么东西没吃的时候是绿色的，吃的时候是红色的，吐出来的时候是黑色的？

答案：西瓜。

# 第二部分 亲子游戏

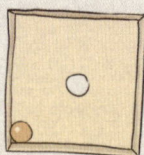

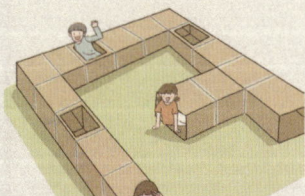
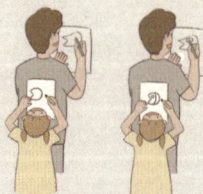

# 钻隧道

家里如果有大纸箱，可以把规格相同的纸箱用胶带固定好，做成隧道，还可以挖一些小洞，小朋友可以在里面爬来爬去啦！

# 纸杯金字塔

我们先准备许多用过的纸杯，然后像搭金字塔那样，一层一层地在地板上把它们叠起来。预备，开始！谁叠得高、叠得快，谁就赢了！

# 纸杯电话

　　在两个用过的纸杯底部各打一个孔，把线穿进去，打一个结。把两个纸杯用一根线连起来，就变成一个电话啦！

　　我们可以尝试在离得比较远的地方，或者分别在门内门外打电话。一个人对着纸杯讲话，另一个人把纸杯放在耳边听。纸杯电话真的好神奇！

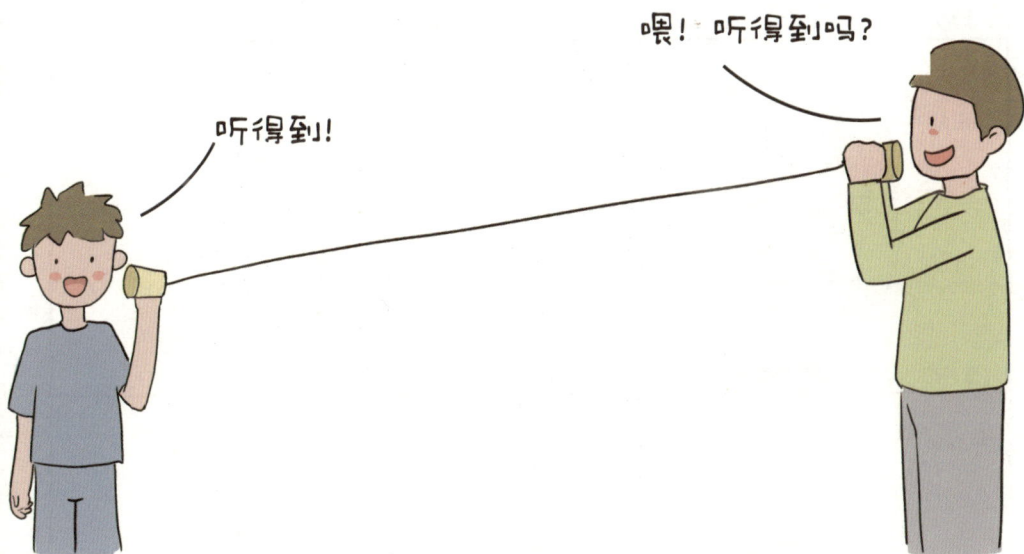

喂！听得到吗？

听得到！

# 做沙包和丢沙包

准备如下材料：

线　　　　针　　　　布　　　　　沙子或豆子（黄豆、绿豆、红豆……）

按如下步骤做沙包：

| | |
|---|---|
| 1 <br>找些花布，将它们裁成六块大小一致的小方布。 | 2 <br>将两块布的边缘缝合起来。 |
| 3 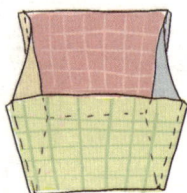<br>缝好四个侧面，再缝两个底面。 | 4 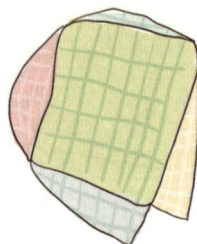<br>留最后一条边不缝。 |
| 5 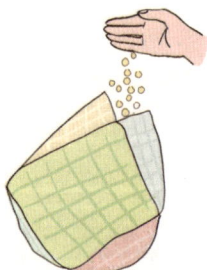<br>把沙子或豆子从留好的口子装进去，要装饱满。 | 6 <br>把最后一条边缝好，一个沙包就完成了。 |

在地上画两条线，两条线之间相距十米左右。两线外侧各站一个人，算一组；两线之间站一个人或者多个人，算一组。线外的人朝中间用力投沙包，目的是击中中间的人；中间的人要躲避投来的沙包或者将它接住。

如果中间的人能躲过沙包，线外的人就要捡起沙包继续投击。

如果中间的人未能躲过沙包，被击中，则淘汰出局。

如果中间的人接住了沙包，就可以获得一次被击中不用出局的机会。

# 穿越"火线"

　　在家里找一个过道，将一些旧报纸剪成纸条固定在墙上，布置成"火线"。然后我们要想办法在指定的时间内穿越"火线"。记住，谁的身体碰到了"火线"就算输哦！这个游戏小孩子胜算更大，好玩好玩真好玩！

# 唱反调

这一次，听话就输了！大人说向前，孩子就向后。大人说抬起左脚，孩子就抬起右脚。大人说站起来，孩子就坐下去。大人说摸左边耳朵，孩子就摸右边耳朵。总之，就是要反着来！听话就算输！

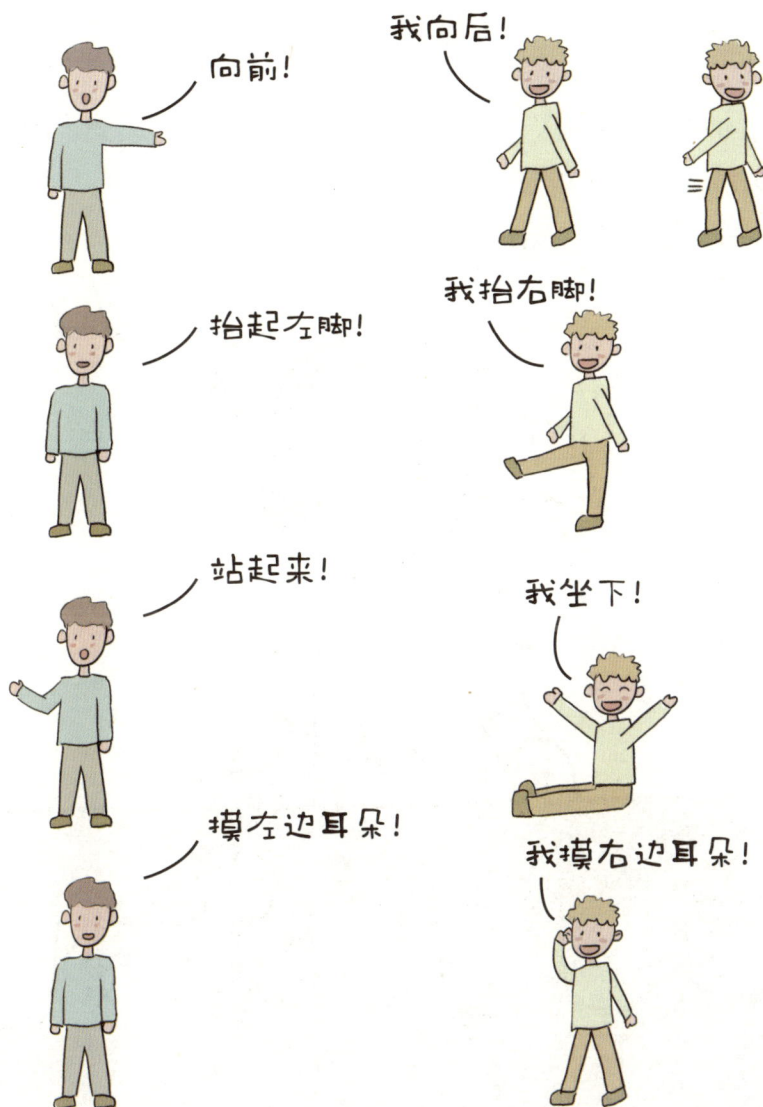

向前！

我向后！

抬起左脚！

我抬右脚！

站起来！

我坐下！

摸左边耳朵！

我摸右边耳朵！

## 水杯乐器

找几个材质不同、大小不一的杯子和瓶子，装入不同量的水、饮料或者沙土，然后，用勺子敲击它们，听声音，把它们从低音到高音一字排开。还可以自己作一首曲哦！

# 猜动物

家长用动作、声音和表情来模仿一种动物，让孩子猜是什么动物。然后反过来，孩子模仿，家长来猜。

猴子！

鸵鸟！

# 跳房子

一起来玩跳房子吧！这个游戏不但能提高我们的跳跃能力和平衡能力，还可以让我们变得更机智哟！

这个游戏非常简单，只需要一块平整的地面、一根粉笔，还有小石块、小砖块或小盒子就可以了。

❶ 如图所示，在地面上画出格子，填上数字，这些就是"房间"。最上面一格是"天空"。

❷ 在距离第1格一米左右的位置，画一条线作为起跳线。

❸ 大家通过猜拳决出游戏次序。

❹ 每人一颗"棋子"，"棋子"可以是小石块、小砖块或小盒子。

❺ 第一个人将"棋子"扔在第1格内，开始单脚跳，两格并列处用双脚跳，要跳到第7格、第8格时，双脚同时跃起向后转身，使双脚分别落到第7格、第8格内。接着往回跳，跳至第2格，弯腰捡起第1格里的"棋子"，再由第2格跳跃到起跳线以外。然后，将"棋子"扔在第2格，如前所述跳格子，返回时站在第3格里拾起"棋子"并跳跃至第1格再跳出。

❻ 以此类推，扔到第8格并跳完后，将"棋子"扔向"天空"，再从第1格依次跳，当跳到第7格、第8格时用手向后摸"棋子"，摸到后跳出"天空"外。接着，背对房子扔"棋子"，"棋子"落到的那个格子就成为跳房子的人的"房间"，他可以在这个格子里写上他的名字，当他再从第1格开始，跳自己的"房间"时，便可双脚落地休息。

❼ 在玩的过程中，"棋子"扔不进格子内、脚踩线、在自己"房间"之外的格子内双脚落地或在"房间"内逗留很长时间都属于违规。一旦违规就改由下一个人开始跳。游戏最后，谁占的"房间"最多谁就获胜。

# 吹乒乓球

在桌子一端的边缘粘三个杯子。然后站在桌子的另一端，用卫生纸筒或者薯片筒吹乒乓球，把乒乓球吹到杯子里去。谁吹得又快又准，谁就赢了！

# 滚球球

取两个相同的纸盒，在每个纸盒中间各剪一个洞，各放一个乒乓球在里面。谁先把球滚进洞里，谁就赢了。

# 疯狂抖动

准备一些彩色便笺纸。大人和小孩往对方身上各贴二十张。然后不借助任何外力，各自疯狂抖动自己的身体，看谁抖落的便笺纸多，谁就赢啦！这也太好玩了吧！游戏结束后，这些便笺纸还可以使用，可不要扔掉哦！

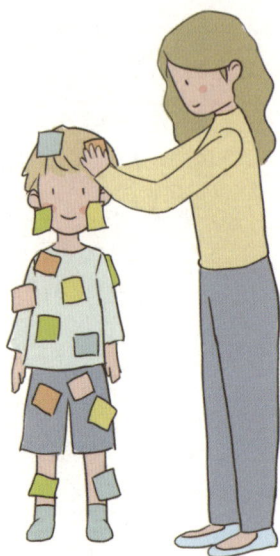

我抖！我抖！我抖抖抖！

## 阳光作画

把孩子喜欢的小玩偶放在阳光下，让孩子通过描绘影子，画出这个小玩偶的轮廓。

# 蔬菜怪物

用牙签和一些蔬菜进行随意组合，可以创造出各种各样的怪物，试试看吧！

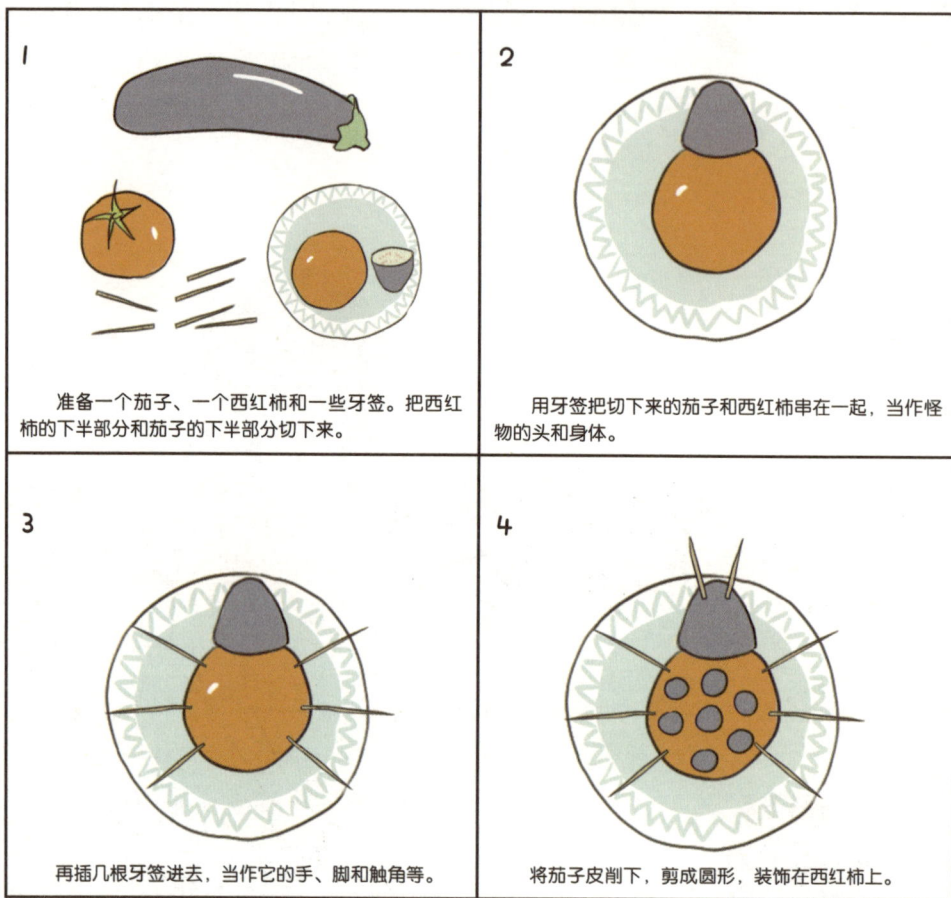

1

准备一个茄子、一个西红柿和一些牙签。把西红柿的下半部分和茄子的下半部分切下来。

2

用牙签把切下来的茄子和西红柿串在一起，当作怪物的头和身体。

3

再插几根牙签进去，当作它的手、脚和触角等。

4

将茄子皮削下，剪成圆形，装饰在西红柿上。

你还可以用白萝卜、胡萝卜、土豆、辣椒、茄子等蔬菜制作下面这些怪物哦！快来试试吧！

# 树叶作画

　　树叶分叶脉、叶柄和叶片三个部分，它们有各种各样的颜色和形状，把它们用胶水粘贴组合，会变成好看的图画，可有趣了！

## 来系鞋带吧

在一张纸板上画出一双鞋子，戳出小洞，把一副鞋带穿上去，让孩子试着系鞋带。这个游戏不但能锻炼孩子的手指，提高灵敏度，还能让孩子学会自己系鞋带。

画鞋子

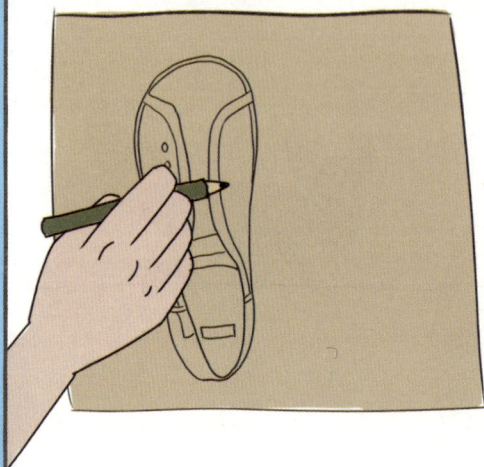

戳洞洞

系鞋带

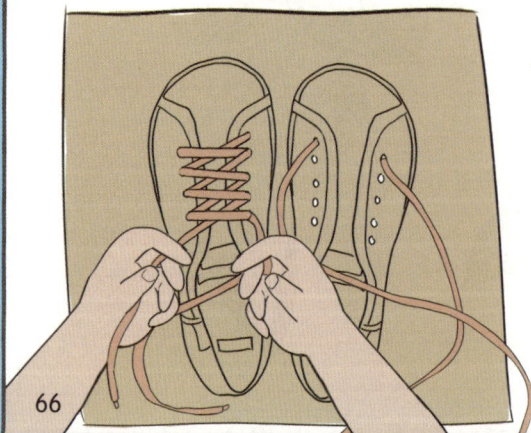

# 用筷子，夹豆子

这个游戏有助于锻炼我们的手指灵敏度，手指灵敏了，大脑也会更聪明！在一个小盆里，放一些红豆，大人和小孩各拿一双筷子和一个小碗，在规定的时间内，把小盆里的红豆夹到自己的碗里，谁夹得多，谁就赢了。

## 一起作画

　　取两张 A4 纸，小孩把纸按在大人背上作画，大人把纸按在墙上作画。小孩画一笔，大人跟着画一笔。最后看看，两人画的东西一样吗？然后，两人可以交换位置，再玩一遍。

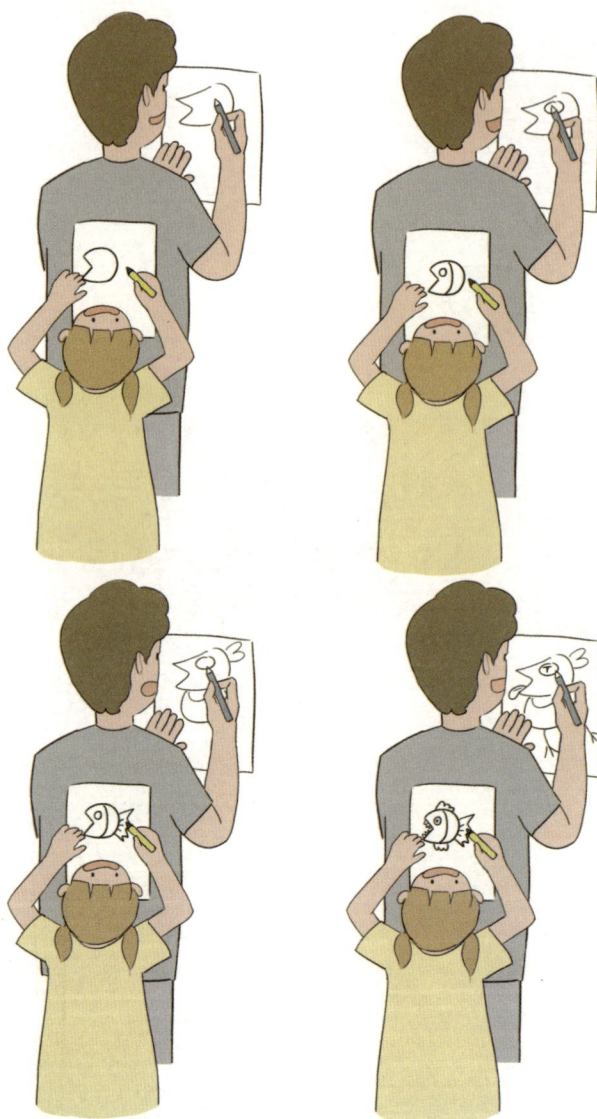

## 揪尾巴

　　在爸爸的裤子和孩子的裤子后面各夹一条围巾或毛巾，当作大尾巴，两个人互相去揪对方的尾巴，谁先把对方的尾巴揪下来谁就算赢。这个游戏可以让大家跑成一团，笑成一团，好开心！

## 猜步数

猜一猜，从客厅（或者卧室）的这头走到那头，要走多少步？猜猜爸爸妈妈走要走多少步，再猜猜小孩走要走多少步，然后大家一起走一走，看看谁猜的步数最接近。（爸爸妈妈可以故意用跳跃来增加戏剧效果！）

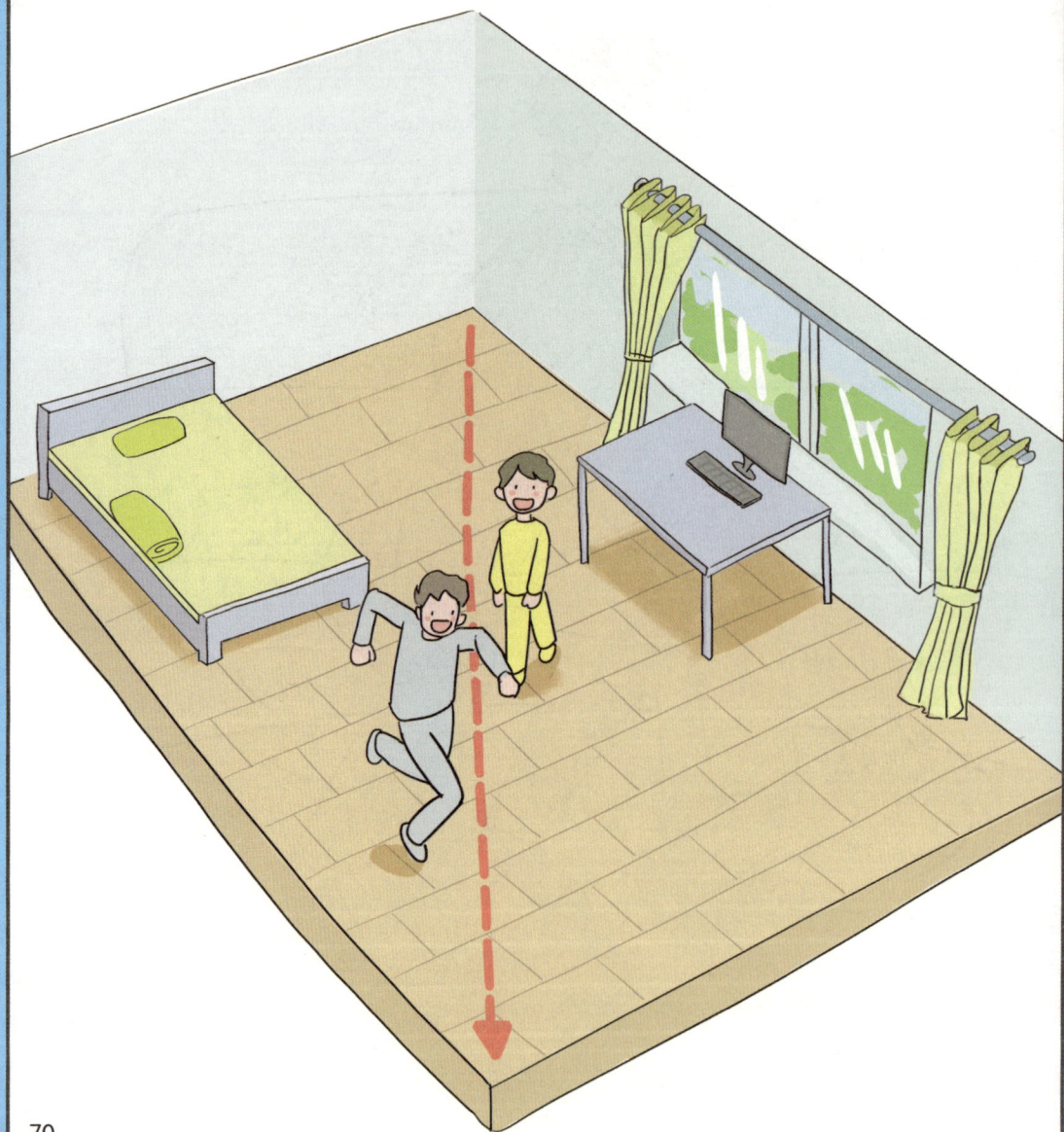

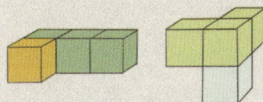

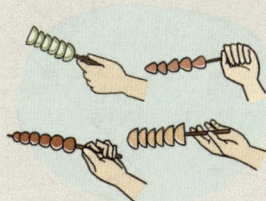

# 三个碎盘子

你能帮助小明把碎盘子拼好吗？请用线条把可以拼在一起的碎片连起来。

# 找海龟

　　这片海滩上有好多小海龟呀！其中有一只和其他海龟不太一样，你能找出来是哪只吗？请用笔把它圈出来。

## 找回自行车

小张买了一辆新自行车，你能从商场的照片里找到哪一辆是他新买的车吗？请用笔把它圈出来。

小明

## 妈妈去哪了

　　小明和妈妈在公园走散了，他的妈妈背着黄色的包，你能帮小明找到妈妈吗？请用笔把她圈出来。

## 几双鞋子

　　图上共有几双鞋子？你能快速找出来吗？请用笔把成双的鞋子连起来。

# 鸟类天堂

你能把下方的拼块还原到图中吗？
请把数字编号填在空白处。

1

2

3

4

5

6

# 海滨浴场

你能把右边的拼块还原到图中吗？请把数字编号填在空白处。

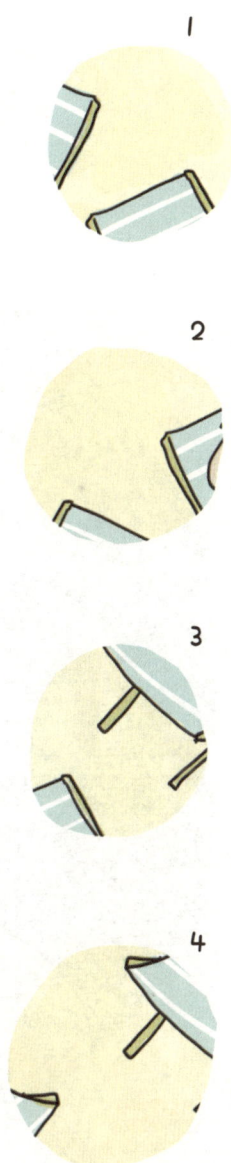

# 谁是小偷

小猪回家的时候，发现它的房子进小偷了！

第二天，村里的警察让它到警察局来认一认。下面哪个动物最像它昨晚看到的那个影子？请你帮它把正确的动物圈出来。

# 梦中的黑影

阿秋晚上梦见了一个黑影。

你能找出来她梦见的是下面哪只虫虫吗？请用笔把它圈出来。

# 补魔方

　　阿明的三个魔方分别缺失了几块，你能帮他补齐吗？请把正确拼块的编号填在魔方旁边的方框里。

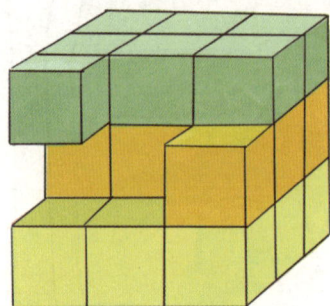

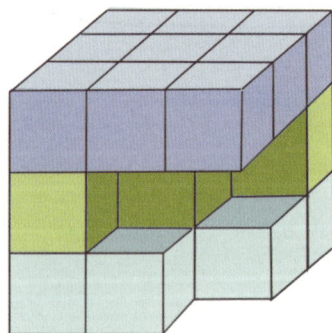

1

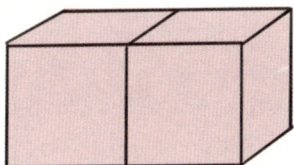

2

3

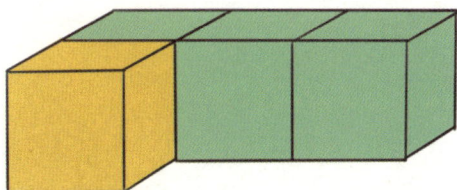

4

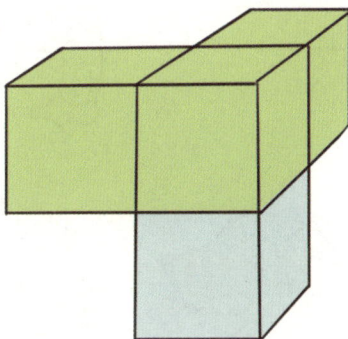

5

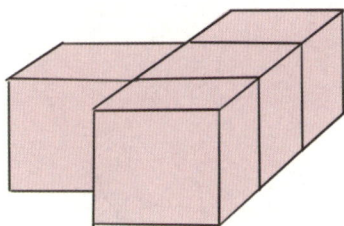

6

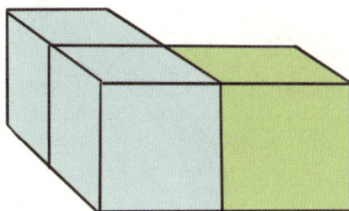

# 倒立识图

你知道小山眼里看到的是哪一幅画面吗？请用笔把正确的画面圈出来。

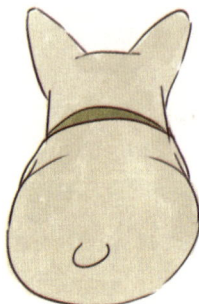

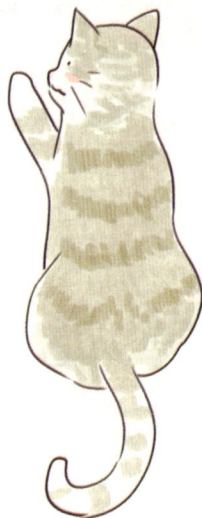

# 脚印追凶

农场的动物们遭到了外来者的袭击，你能根据受害者周围的脚印找出对应的外来者吗？请将正确的编号填在受害者旁边的方框里。

1

2

3

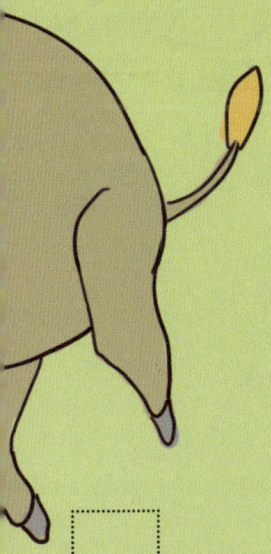

# 堆雪人

小文和小乐一起度过了寒假，寒假期间，妈妈给他们拍了四张照片。

你能按照拍照的时间先后给这四张照片排序吗？请把序号填在照片右上角的方框里。

## 这个人是谁

警察正在调查犯罪嫌疑人的外表。请根据目击者的描述判断谁是犯罪嫌疑人，把他圈出来。

他有胡子，头发不少。

他没戴眼镜。

他的身材和我差不多。

他的眉毛粗粗的。

# 小猫钓鱼

阿毛想吃鱼了，你能帮它想想应该带哪些东西去钓鱼吗？请把需要的东西圈出来。

# 种花

　　阿朵种了一朵小花，请你按事情发生的先后给下面四个场景排序，把序号填在方框里。

# 熊猫的照片

　　右边的三张照片分别是谁拍的？请把拍摄者的编号填在照片左上角的方框里。

# 交通工具

　　给每个人都配上与他们相对应的交通工具吧。请把交通工具的编号填在人物旁边的方框里。

1

2

3

4

5
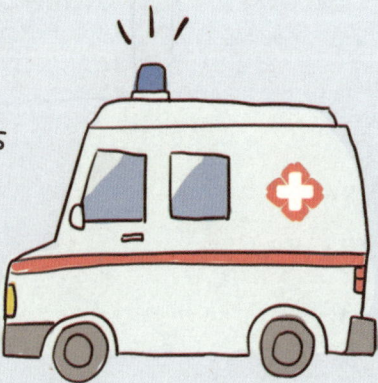

# 转齿轮

如果想让玻璃箱里的猫往上升，小男孩应该往哪个方向转动齿轮？

图中有八对相关的事物，你能把它们匹配起来吗？请用线把相匹配的两个物品连起来。

奶粉

10元

# 镜子里的女孩

镜子里的图像应该是什么样子的？请用笔把它圈出来。

# 迷宫 （一）

老鼠小杰该走哪条路才能吃到美味的奶酪呢？请你帮助它找到正确的路线，记住千万要躲开捕鼠夹哦！

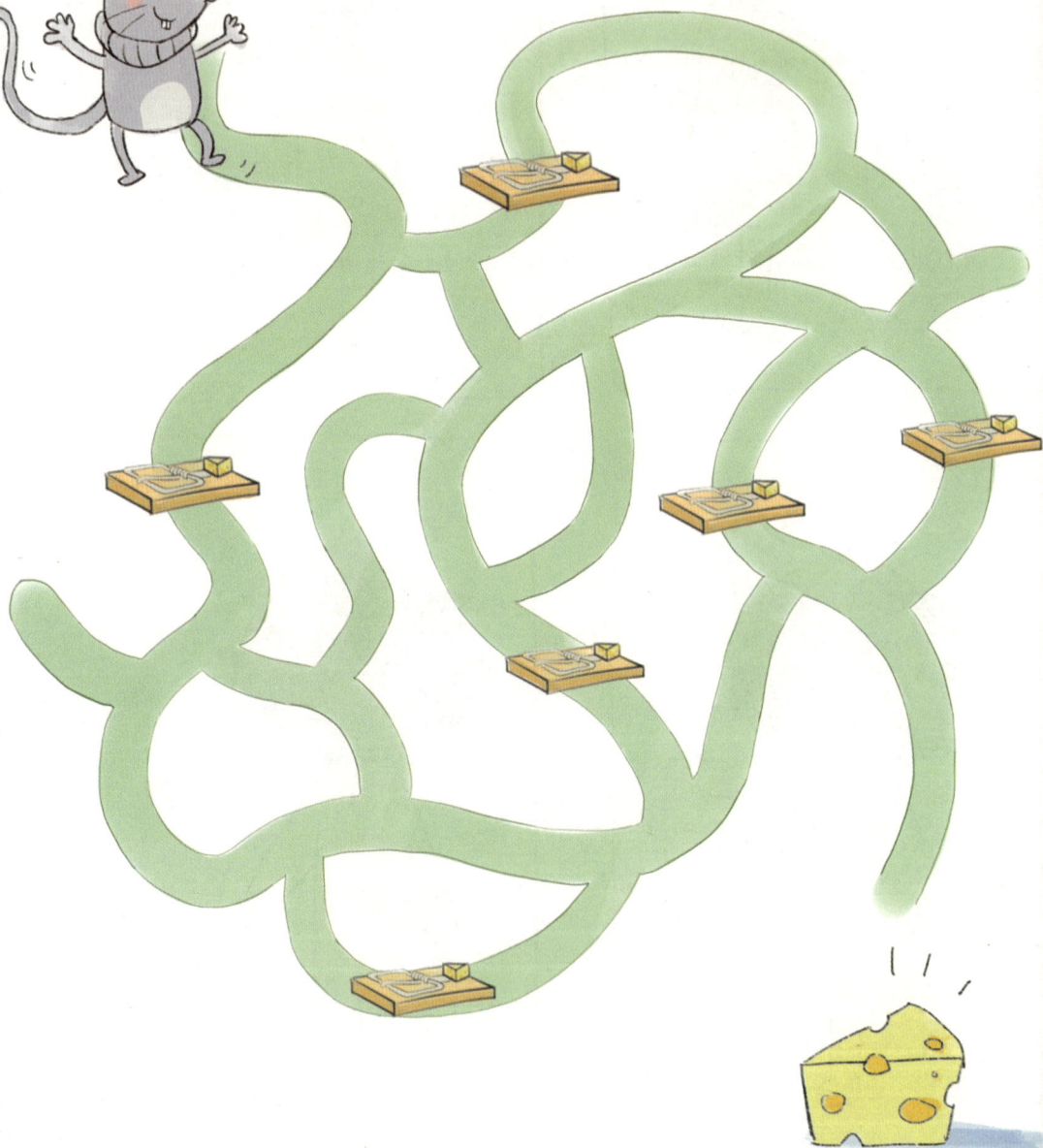

# 迷宫（二）

小鸡阿聪想要吃完路上的小虫子，不过，要按照顺序吃才最美味，请你帮它找到正确的路线。

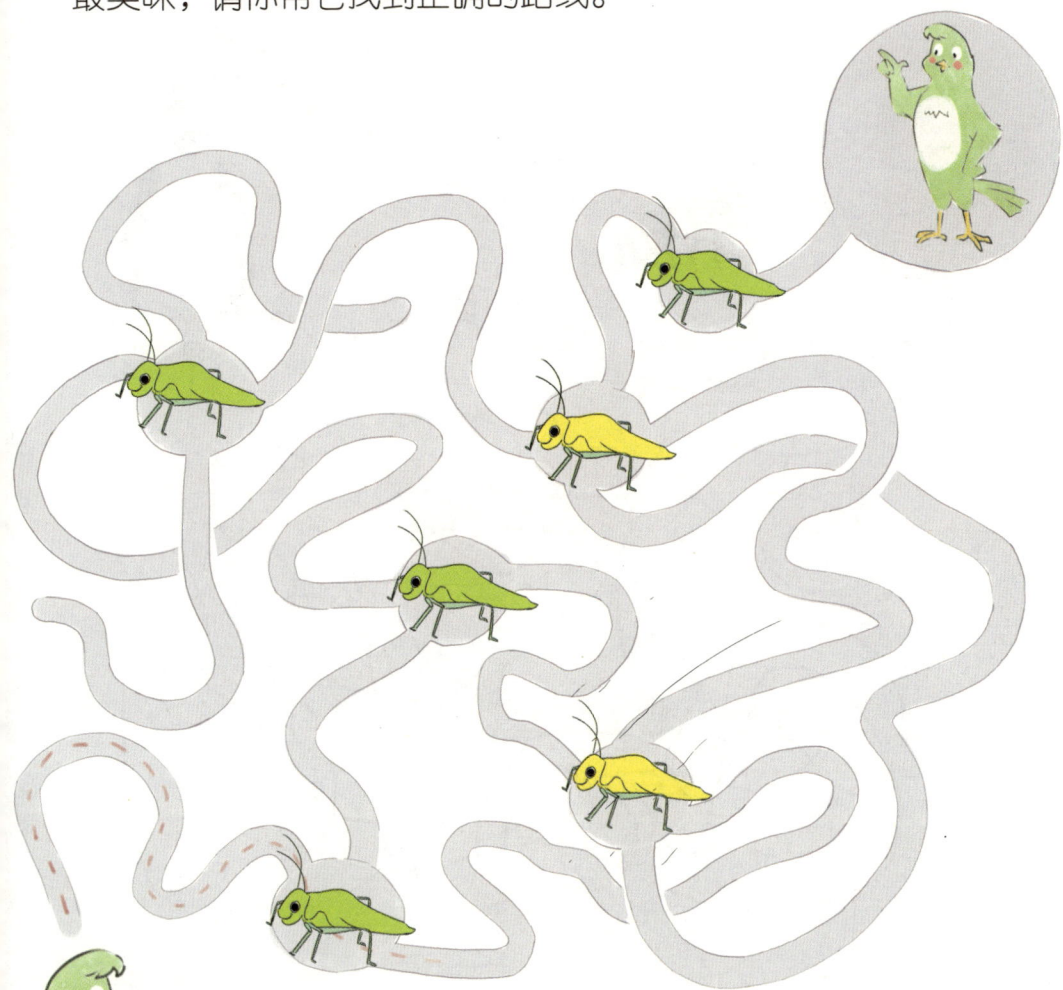

# 农场连连看

你能把农场里的动物和对应的产品连起来吗?

牛奶

# 龟兔赛跑

乌龟和兔子赛跑快要输了！请你帮助乌龟找到快速通道追上兔子吧，要按 1,2,3……的顺序来跑。

| | | | | | | |
|---|---|---|---|---|---|---|
| 19 | 9 | 10 | 11 | 12 | | |
| 20 | 21 | 22 | 23 | 16 | | |
| 12 | 11 | 12 | 14 | 15 | 77 | 78 |
| 60 | 3 | 5 | 6 | 14 | 13 | 46 |
| 32 | 2 | 3 | 4 | 16 | 12 | 26 |
| 31 | 1 | 8 | 5 | 17 | 11 | 29 |
| | | 9 | 6 | 9 | 10 | 98 |
| | | 10 | 7 | 8 | 96 | 97 |

# 迷宫（三）

　　猫咪怎样才能抓到老鼠呢？千万小心，不要碰到大狗！请帮猫咪找到正确的路线。正确的路线可能不止一条哦！

汪！汪！

# 迷宫 (四)

下雨啦！收衣服喽！请帮小文找到去楼顶的正确路线。

# 买冰激凌

冰激凌看上去好好吃，请帮小明算一算他手上的钱能买几个冰激凌，买完还剩多少钱。

小明可以买＿＿＿个冰激凌，买完还剩＿＿＿元＿＿＿角钱。

冰激凌
5元/个

做一个水果蛋糕需要：

一盒鸡蛋，一盒牛奶，半袋小麦粉，半袋糖，一个杧果，五颗蓝莓。

桌上的食材可以做几个水果蛋糕？

可以做____个水果蛋糕。

## 农场飞碟

　　Y 星球的外星人飞到地球，打算把农场里的动物偷走做实验，他们的飞船每次只能运输一头牛、两只羊和三只鸡，请你算一下，农场里的这些动物需要运输几次才能运完？

　　需要运输＿＿＿次。

救命啊！咩！

# 谁是大胃王

小动物们正在吃点心，每个小动物分到了十块小饼干，你能根据它们餐盘中剩下的饼干数量判断哪个动物吃的块数最多，哪个动物吃的块数最少吗？请把吃的块数最多的动物用红笔圈出来，吃的块数最少的动物用蓝笔圈出来。

# 吃害虫

鸟妈妈叮嘱过小鸟不可以吃益虫，那它这次能吃多少只虫呢？

能吃＿＿只。

# 向左向右

　　路上好多车呀！你能数一数有多少辆车往左开，多少辆车往右开吗？

　　有＿＿＿辆车往左开，有＿＿＿辆车往右开。

# 外星人飞船

Y 星球不知道出于什么目的派遣了一大批飞船来地球。请你数数不同的飞船各有多少艘，然后向地球总部汇报吧！

_____ 艘        _____ 艘

＿＿＿艘　　＿＿＿艘　　＿＿＿艘

## 奇怪的电影票

　　这家电影院的电影票有点奇怪，你能找到自己的座位在哪儿吗？请用笔把你的座位圈出来。

电影票

你的座位是：倒数第二排，从右数第四个。

三排

二排

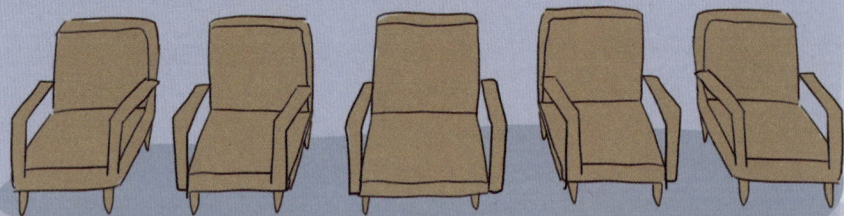

一排

# 家里几口人

这是泰山家的橱柜，你能猜猜他家里有几口人吗？提示：泰山家从来不招待客人。

泰山家有＿＿＿口人。

# 气球上的数字

　　小朋友们排队去看马戏表演，每个人手上都有一只气球，并且气球上都写着数字，但有两个数字被人不小心擦掉了，你能用笔把缺失的数字写上去吗？

1

# 找规律填图

请把正确图片的编号写在空格里。

1　2　3　4

# 做操

　　小明正在做早操，每一节都有一个动作忘记了，你能帮他想想吗？这些动作都是有规律的。请把正确动作的编号填在虚线框里。

第一节

第二节

第三节

| 1 | 2 | 3 | 4 | 5 |
|---|---|---|---|---|

# 农作物种植规律

发现这些农作物的种植规律了吗？从最右边挑选合适的农作物种到每行空缺的地方吧！请把正确农作物的编号填在虚线框里。

# 吃寿司

回转寿司的摆放是有规律的，你能在空盘子里画出应当摆放的那种寿司吗？你知道吃寿司的小女孩最爱吃哪种寿司吗？

小女孩最爱吃_____寿司。

# 金字塔谜题

你就要进入金字塔内部探险了，可是遇到了难题，选项中哪个图形能打开金字塔的门呢？请把正确图形的编号填在空格里。

1

2

3

4

欲进此门先解此谜

# 吃西瓜

每排最后一张桌子应该有几块西瓜？提示：西瓜的数量和人的数量有关系。请在空桌子上画上正确数量的西瓜。

## 吃什么药

爷爷生病了，这张单子上是他周一到周六要吃的药的种类，周六应该吃什么药呢？请在空格里画上正确的药。

| 周一 | 周二 |
|---|---|
| | |
| 周三 | 周四 |
| | |
| 周五 | 周六 |
| | |

# 水果糖葫芦

糖葫芦看上去好好吃！可是你发现了吗，有一串糖葫芦的
水果数量比其他三串少一些！请把这串糖葫芦圈出来。

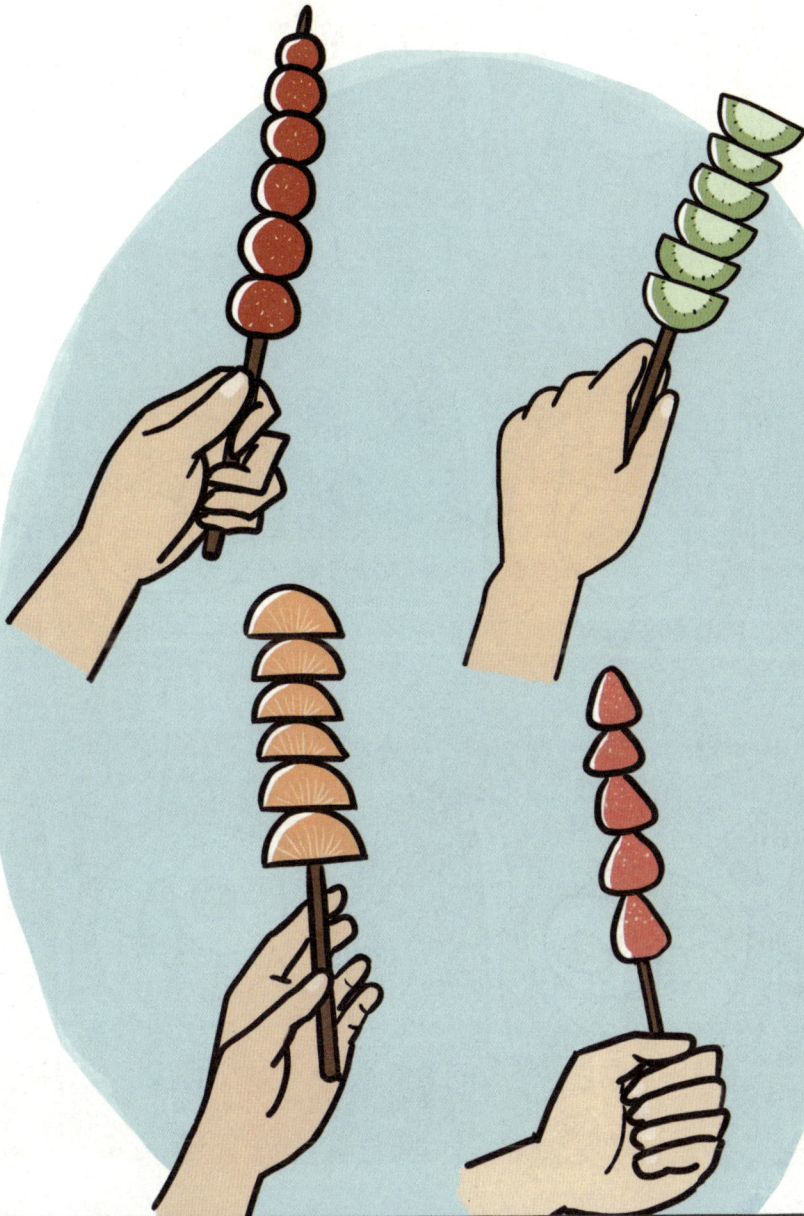

## 小朋友的早餐

幼儿园小班有十二个小朋友，这是他们今天的早餐，你能根据规律判断出 7 号和 11 号小朋友的早餐是什么吗？请把正确早餐的编号填在虚线圈里。

3

4

7

8

11

12

# 晾衣物

风吹跑了一件衣物，是哪一件呢？请用笔把它圈出来。

## 一样的玩具

小红的猫把她朋友的玩具咬坏了，她来到玩具店，要买个一模一样的赔给朋友，你能帮她找到吗？请用笔把它圈出来。

# 农场里的不速之客

小芳的农场里来了一些不速之客，你能找到它们吗？请用笔把它们圈出来。

小芳农场

# 大叔的工具

大叔阿伟家的房顶被陨石砸了个大洞，他想要找些工具修补房顶，你能帮帮他吗？请把他需要的工具圈出来。

# 做实验

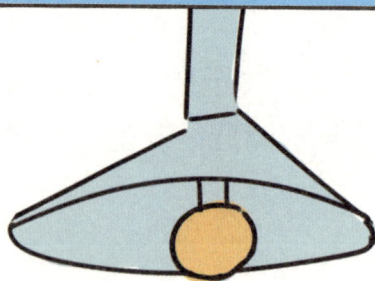

小华要在实验室做实验，她需要找到几样化学仪器，快来帮她找找吧！请把她需要的仪器圈出来。

# 小鸟双胞胎

有些漂亮的小鸟停在电线上歇脚，其中有一对双胞胎，你能找出来吗？请把它们圈出来。

小花想穿的衣服在最下面，你能帮她找出来吗？请把这件衣服圈出来。

# 帮奶奶找东西

奶奶正在做针线活，但她的眼睛看不清东西了，你能帮她找到她想要的材料和工具吗？请用笔把它们圈出来。

# 找食材

请从冰箱里找出今天吃的几样菜的食材，并把它们圈出来。

番茄炒蛋

可乐鸡翅

莲藕排骨汤

# 抓娃娃

娃娃机中有两个一样的娃娃，你能把它们圈出来吗？

# 老王水果铺
童叟无欺

老王水果铺里掺杂着一些其他物品，请找出不属于水果的物品，并把它们圈出来。

卖水果啦！又香又甜的水果！

# 藏宝图

　　小明正和伙伴们一起玩海盗游戏，这是一张残破的藏宝图，你能帮他把藏宝图拼完整吗？请把正确的拼块圈出来。

# 照片找不同

摄影师拍了两张照片，请找出九处不同的地方。

**图书在版编目（CIP）数据**

嘻嘻哈哈陪娃图鉴 . 我们一起玩游戏 / 李芳主编；
叁喵绘 . -- 杭州：浙江教育出版社，2021.11
ISBN 978-7-5722-2377-8

Ⅰ. ①嘻… Ⅱ. ①李… ②叁… Ⅲ. ①故事课—学前
教育—教学参考资料 Ⅳ. ①G 613.3

中国版本图书馆 CIP 数据核字 (2021) 第 178001 号

| | | | |
|---|---|---|---|
| **责任编辑** 赵露丹 | | **美术编辑** 韩　波 |
| **责任校对** 马立改 | | **责任印务** 时小娟 |
| **产品经理** 周千寻 | | **特约编辑** 郑　鹏　周千寻 |

### 嘻嘻哈哈陪娃图鉴 我们一起玩游戏
XIXIHAHA PEI WA TUJIAN　WOMEN YIQI WAN YOUXI

李芳　主编　叁喵　绘

出版发行　浙江教育出版社
　　　　　（杭州市天目山路 40 号　电话：0571-85170300-80928）
印　　刷　北京盛通印刷股份有限公司
开　　本　720mm×1000mm　1/16
成品尺寸　170mm×240mm
印　　张　10.75
字　　数　215 千字
版　　次　2021 年 11 月第 1 版
印　　次　2021 年 11 月第 1 次印刷
标准书号　ISBN 978-7-5722-2377-8
定　　价　36.80 元

如发现印装质量问题，影响阅读，请与本社市场营销部联系调换。
电话：0571-88909719